Género Narrativa de no ficción

Pregunta esencial

¿Cómo han cambiado nuestros recursos energéticos a través de los años?

El PODER del planeta

Hannah Sperber

Introducción

La energía es increíble e interesante: la usamos para alumbrar y calentar nuestros hogares y para encender nuestros televisores y computadoras. ¡Gran parte de lo que hacemos depende de la energía!

Las personas han usado la energía de la Tierra desde la antigüedad. Desde el año 3500 a. C, usaban el viento para mover los veleros; el sol para calentar sus hogares y los molinos de agua y de viento para moler granos y hacer harina.

Actualmente usamos **combustibles fósiles**, como petróleo, gas o carbón. Estos combustibles se formaron a partir de plantas y animales que vivieron hace millones de años y están profundamente enterrados en el subsuelo. La quema de combustibles fósiles libera energía. La mayoría de la energía que consumimos proviene de estos combustibles.

La quema de carbón genera alrededor del 50 por ciento de la electricidad en Estados Unidos.

En Estados Unidos, enormes granjas eólicas producen suficiente energía para hacer funcionar cerca de 19 millones de hogares.

Sin embargo, la quema de combustibles fósiles contamina: libera gases perjudiciales en la **atmósfera**. Además, los combustibles fósiles tampoco son renovables: solo pueden usarse una vez y en el futuro se acabarán.

Por el contrario, el sol, el agua y el viento son fuentes renovables de energía. Podemos usar la energía renovable repetidamente sin contaminar el aire.

No es una coincidencia que hoy en día muchas personas estén intentando descubrir fuentes de energía más limpias y renovables. La tecnología abre posibilidades nuevas y emocionantes. Podemos usar la energía del viento para hacer funcionar nuestros hogares; la energía solar para los autos y las casas, y la energía del agua para producir electricidad.

CAPÍTULO 1

El poder del agua

Desde la antigüedad, se ha usado el agua como fuente de energía. Desde la época de los romanos se ha usado la fuerza de la corriente del agua de ríos y arroyos para mover molinos de agua, para moler harina y para otros trabajos. También hay energía en las olas del océano que chocan en la playa.

Posteriormente, se construyeron represas en los ríos para **aprovechar** la energía del agua. Cuando el agua de la represa se libera, la energía de su flujo puede usarse para producir energía hidroeléctrica. El movimiento del agua mueve unas máquinas llamadas **turbinas** que después **generan** electricidad.

Cerca del siete por ciento de la electricidad de Estados Unidos proviene de plantas hidroeléctricas.

En la década de 1970, el abastecimiento de petróleo disminuyó y se produjo una **crisis** petrolera. El petróleo es una de nuestras principales fuentes de energía. La mayoría de vehículos y máquinas funcionan con petróleo.

Un científico llamado Stephen Salter estudió las olas oceánicas para buscar una fuente diferente de energía. Trabajó con otros científicos para desarrollar el Pato de Salter, una máquina que podía aprovechar la energía de las olas oceánicas. Mientras el pato se balanceaba en las olas, una turbina en su interior convertía cada movimiento en electricidad.

Aunque muchos consideraban que el Pato de Salter no sería lo suficientemente resistente para sobrevivir las tormentas oceánicas, científicos de todo el mundo continuaron trabajando para mejorar la idea de Salter.

El Pato de Salter

A medida que las olas pasan, el Pato de Salter se mueve hacia adelante y hacia atrás. Esto hace que la turbina dentro del pato se mueva. El movimiento de la turbina genera electricidad.

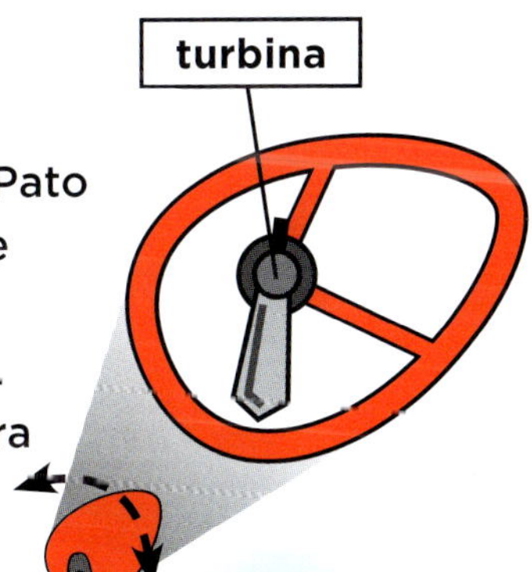

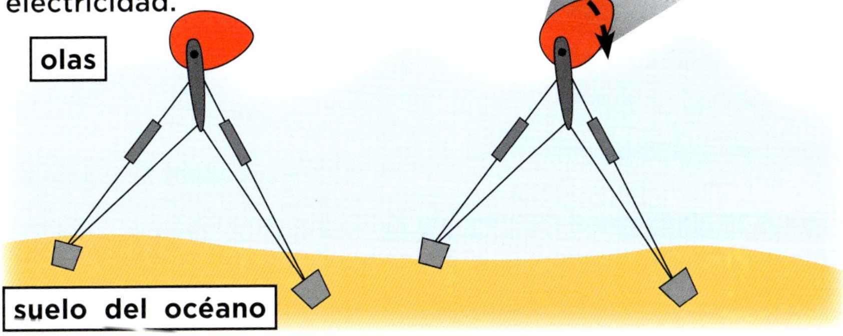

Es difícil capturar la energía de las olas oceánicas porque el agua del mar **corroe** el metal, y los vientos y las olas de las tormentas son muy destructivos. Además, el océano queda liso cuando no hay viento. Sin embargo, a pesar de estos problemas, se continúa investigando nuevas maneras de generar energía de las olas.

Actualmente se usa energía de las olas para encender algunos faros y boyas náuticas. En 2010 se construyó en la costa de Oregón la primera granja comercial de olas en Estados Unidos. El objetivo es lograr que la energía de las olas sea eficiente y barata.

¡Elevarse y alejarse!

¿Alguna vez te has imaginado con un cinturón cohete a la espalda volando como un superhéroe? El cinturón cohete con chorros de agua te permite hacerlo. El cinturón succiona el agua en una manguera y luego la presión del agua puede levantar a una persona, a casi 30 pies de altura. Su velocidad máxima es casi 30 millas por hora.

Los cinturones cohete con chorros de agua usan el poder del agua para moverse.

CAPÍTULO 2

El calor del interior

La habilidad para generar energía hidráulica, eólica y solar depende del clima. No podemos generar energía eólica sin viento, ni energía solar si el sol no está brillando. Pero existe una fuente de energía renovable que no depende del clima.

La energía **geotermal** proviene del calor del interior de la Tierra. Parte de esta energía sale a la superficie a través de manantiales de aguas termales. Hace miles de años, las personas empezaron a usar la energía geotermal de las aguas termales para cocinar, lavar y mantenerse calientes. Esta energía era tan útil que la gente construía casas cerca de las aguas termales.

Muchos manantiales de aguas termales están en áreas volcánicas. La temperatura del agua puede estar entre 98 °F y casi el punto de ebullición.

Luego, las personas se dieron cuenta de que había más energía geotermal en las profundidades del suelo. En el siglo XIX, las personas exploraron más formas de aprovecharla.

En una casa que usa energía geotermal, las tuberías transportan el calor que está debajo del suelo a la casa.

En 1931, el plomero Charlie Lieb usó el agua caliente de un pozo profundo para calentar una casa en Klamath Falls, Oregón. Lieb montó unas tuberías en un pozo de agua caliente. El agua dentro de las tuberías se calentaba en el pozo y después regresaba a la casa.

Lieb llamó a su sistema intercambiador de calor de fondo de pozo. El sistema de Lieb fue un desarrollo importante en la historia de los sistemas de calefacción geotermal.

Detective del lenguaje

La palabra subrayada es un adverbio de tiempo. Vuelve a leer esta página y busca otro adverbio de tiempo.

Actualmente, la energía geotermal se instala en muchos tipos de edificaciones: casas pequeñas, edificios grandes, escuelas y oficinas.

La temperatura, a tan solo unos pocos pies de la superficie de la Tierra, permanece todo el año entre 50 y 60 grados Fahrenheit. La temperatura bajo el suelo es más caliente que el aire en invierno y más fresca que en verano. Las bombas de calor geotermal recogen y mueven el calor: las casas y otras edificaciones pueden calentarse o enfriarse.

Los sistemas geotermales de las casas usan bombas de calor. Pueden calentar y enfriar una habitación. En el invierno, absorben el calor debajo del suelo y lo transportan por tuberías a la bomba de calor. En verano, remueven el calor de la casa y lo devuelven al suelo.

Un sistema de calefacción geotermal en el hogar

El calor se desplaza desde el subsuelo hasta la bomba de calor geotermal. La bomba de calor envía el aire caliente por toda la casa.

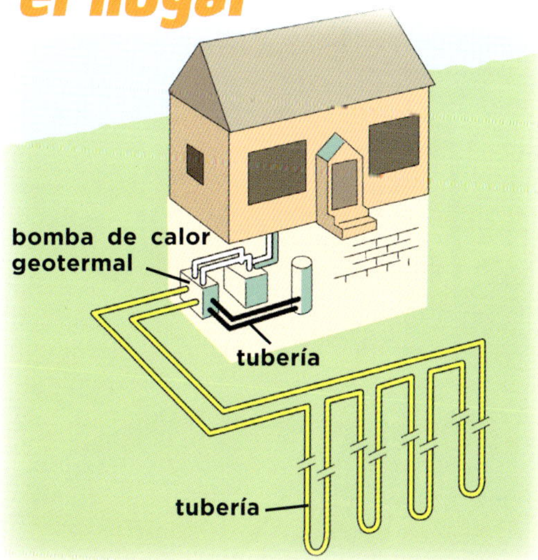

CAPÍTULO 3

El poder del sol

La energía solar es abundante, no contamina el ambiente y es renovable. ¡La cantidad de energía solar que llega a la Tierra en una hora, es más que la que todas las personas del mundo podrían usar en un año!

La energía solar se ha usado desde la antigüedad. Para que las casas fueran cálidas, los griegos las ubicaron frente al sol y los romanos usaron vidrios en las ventanas para atrapar el calor.

Actualmente algunos edificios tienen en sus techos paneles solares que atrapan los rayos del sol y convierten esta energía en agua caliente o en electricidad. Algunas linternas, radios y relojes tienen pequeños paneles solares para obtener su energía del sol en vez de usar pilas.

Paneles solares como este convierten la energía del sol en electricidad.

El *Solar Challenger* impuso récords por el vuelo más alto y más largo a propulsión solar con piloto.

El ingeniero Paul MacCready fue un pionero de la energía solar. Soñaba con fabricar un avión impulsado solo por el sol. Fundó una compañía para crear un avión a propulsión solar llamado *Solar Challenger*.

En 1981, el *Solar Challenger* voló 163 millas (262 kilómetros) desde Francia hasta Inglaterra, en cinco horas y media aproximadamente. Su energía provino de paneles solares sujetos a sus alas.

Luego el equipo construyó el *Sunraycer*, un carro a propulsión solar que viajó a 70 millas por hora.

Desde entonces se han desarrollado otros aviones solares que recogen información y ayudan a los científicos a estudiar el tiempo y el cambio climático. Se controlan desde la Tierra y no tienen piloto.

Los paneles solares en la Estación Espacial Internacional cubrirían un acre de tierra si estuvieran uno al lado del otro.

A veces usamos máquinas que no podemos conectar a un enchufe eléctrico normal. Es entonces cuando la energía solar es muy útil. En 1998 se lanzó la Estación Espacial Internacional (ISS, por sus siglas en inglés). La estación debía ser autosuficiente porque en el espacio no se puede conectar a una fuente de energía normal.

La estación funciona con energía solar y tiene ocho paneles solares que **absorben** la energía de los rayos del sol y la convierten en electricidad. Los paneles suministran toda la energía que necesita la estación para funcionar: desde las máquinas que proporcionan oxígeno hasta las luces. Los paneles fueron transportados al espacio por transbordadores espaciales e instalados por astronautas.

Ahora hay investigaciones nuevas y emocionantes sobre la energía solar. Los científicos exploran la posibilidad de usar paneles solares espaciales para impulsar máquinas en la Tierra.

La energía solar es aproximadamente ocho veces más fuerte en el espacio que en la Tierra. En la Tierra solo capturamos la energía solar durante las horas del día, pero los paneles espaciales la capturarían 24 horas al día y el clima no les afectaría.

Los científicos están investigando cómo enviar a la Tierra, de una manera segura y asequible, la energía solar recolectada en el espacio.

¡EMPEZÓ LA CARRERA!

¿Podrías diseñar una casa linda, de mantenimiento barato y que use energía de manera eficiente? Cada dos años, el Departamento de Energía celebra un Decatlón solar. En este concurso, equipos de estudiantes universitarios de todo el mundo compiten trabajosamente para construir la mejor casa que funcione con energía solar.

El Decatlón solar da a los estudiantes la oportunidad de encontrar maneras nuevas y creativas de usar energía renovable. Los equipos pueden pasar hasta dos años diseñando casas que no dañen el medioambiente y que se puedan construir en el futuro.

Detective del lenguaje

Vuelve a leer esta página y busca un adverbio de modo.

Conclusión

Uno de los problemas más urgentes a los que nos enfrentamos hoy en día, es encontrar y usar buenas fuentes de energía. Si usamos fuentes no renovables, como los combustibles fósiles, hay consecuencias negativas porque contaminan y se están acabando.

Se está tratando de reemplazar las fuentes energéticas no renovables por fuentes renovables. Los científicos y los ingenieros trabajan en el desarrollo de mejores maneras de atrapar la energía solar, eólica e hidráulica.

Estamos usando más fuentes energéticas renovables que antes. Pero aún pasará mucho tiempo antes de que usemos energía renovable para todas nuestras necesidades. Es divertido imaginar qué se inventará en el futuro. ¡La energía renovable tiene gran potencial!

La planta de energía solar en el desierto Mojave en California puede suministrar electricidad para miles de personas.

Respuesta a la lectura

Resumir

Usa los detalles más importantes de *El poder del planeta* para resumir el texto. Usa el organizador gráfico como ayuda.

Idea principal
Detalle
Detalle
Detalle

Evidencia en el texto

1. ¿Cómo sabes que este texto es un texto informativo? **GÉNERO**

2. ¿Cuál es la idea principal en el primer párrafo de la página 9? ¿Qué detalles clave te ayudaron a averiguarlo? **IDEA PRINCIPAL Y DETALLES CLAVE**

3. El prefijo *hidro-* significa "agua". ¿Qué significa *hidroeléctrica* en la página 4? Usa claves de contexto y el significado del prefijo. **PREFIJOS LATINOS Y GRIEGOS**

4. Escribe cómo funciona la Estación Espacial Internacional. Incluye detalles clave del texto. **ESCRIBIR SOBRE LA LECTURA**

Género Mito

Compara los textos

Lee un mito griego acerca del Sol y cómo se mueve a través del cielo.

Helios y Faetón

Los antiguos griegos creían que Helios, su dios del sol, era muy poderoso y que de su cuerpo emanaba energía y luces amarillas, naranjas y rojas.

Cada mañana, Helios salía de su cueva, ubicada bajo el océano, y subía a un carruaje dorado tirado por cuatro caballos bravíos. Los caballos de Helios deslumbraban a todos por sus colores fuertes y brillantes, y por su calor y poder. Al cruzar el cielo en su carruaje Helios suministraba luz a toda la Tierra.

Un día, cuando cruzaba el cielo, Helios vio una figura que se acercaba desde la Tierra. La figura resplandecía como Helios. Helios se dio cuenta de que era su hijo, Faetón, de quien hacía mucho tiempo no tenía noticias. El dios del sol estaba fascinado.

—¡Bienvenido Faetón! —gritó Helios—. ¿Qué puedo hacer por ti? ¡Te daré cualquier cosa que desees!

—Quiero manejar tu carruaje dorado por un día —replicó Faetón.

Helios estaba horrorizado porque sabía que ni siquiera Zeus, gobernante de todos los dioses, se atrevería a manejar su carruaje dorado. Era demasiado caliente y los caballos que respiraban llamas eran demasiado salvajes. Sin embargo, Faetón no quiso cambiar de opinión.

Para protegerlo del ardiente calor, Helios ungió con aceite la cabeza de su hijo Faetón. Después, Faetón se subió al carruaje. Pero tan pronto tomó las riendas de los caballos de su padre, estos se desbocaron y el joven no pudo controlarlos.

Los caballos se llevaron el carruaje hasta el espacio y la Tierra comenzó a congelarse. Luego, los caballos se precipitaron hacia la Tierra y provocaron incendios, y los océanos y los ríos empezaron a secarse.

El rey Zeus se asustó por la destrucción y entonces lanzó un rayo para detener a Faetón. El joven fue lanzado del carruaje y cayó a la Tierra. Su padre, Helios, regresó a su lugar legítimo como conductor del carruaje dorado.

¿? Haz conexiones

¿Qué te dice *Helios y Faetón* sobre la importancia del poder del sol para los antiguos griegos? **PREGUNTA ESENCIAL**

Compara la importancia de la energía del sol en la antigua Grecia con las fuentes modernas de energía. ¿Por qué el Sol es aún tan importante? **EL TEXTO Y OTROS TEXTOS**

Glosario

absorber empaparse ***(página 12)***

aprovechar utilizar algo de forma útil ***(página 4)***

atmósfera capa de gases que rodea la Tierra ***(página 3)***

combustible fósil combustible, como petróleo, gas natural y carbón, que se formó de animales y plantas que vivieron hace mucho tiempo ***(página 2)***

corroer desgastarse lentamente ***(página 6)***

crisis tiempo inestable ***(página 5)***

generar hacer o producir ***(página 4)***

geotermal que tiene que ver con el calor que proviene del interior de la Tierra ***(página 7)***

turbina máquina que utiliza corriente de agua, vapor o aire para girar cuchillas y producir electricidad ***(página 4)***

Índice

Enfoque: Ciencias

Propósito Hacer un horno que funcione con energía solar

Procedimiento

Paso 1 Usa una regla y un marcador para dibujar un rectángulo a 1 pulgada del borde de la tapa de una caja de zapatos. Recorta el rectángulo.

Paso 2 Cubre la tapa de la caja de zapatos con una hoja de plástico transparente. Esta es la ventana de tu horno. Usa cinta adhesiva para sellar los bordes de la ventana.

Paso 3 Usa papel de aluminio para forrar la caja. Envuelve el papel sobre el borde superior de cada lado.

Paso 4 Lleva el horno afuera a un lugar soleado. Quita la tapa. Pon un termómetro adentro y registra la temperatura. Deja el termómetro adentro del horno y pon la tapa. Registra la temperatura nuevamente después de 20 minutos.

Conclusión ¿Cuánto cambió la temperatura de tu horno? ¿Qué piensas que sucederá con la temperatura después de una hora? ¿De dos horas? ¿Qué cosas podrías hacer con un horno solar?